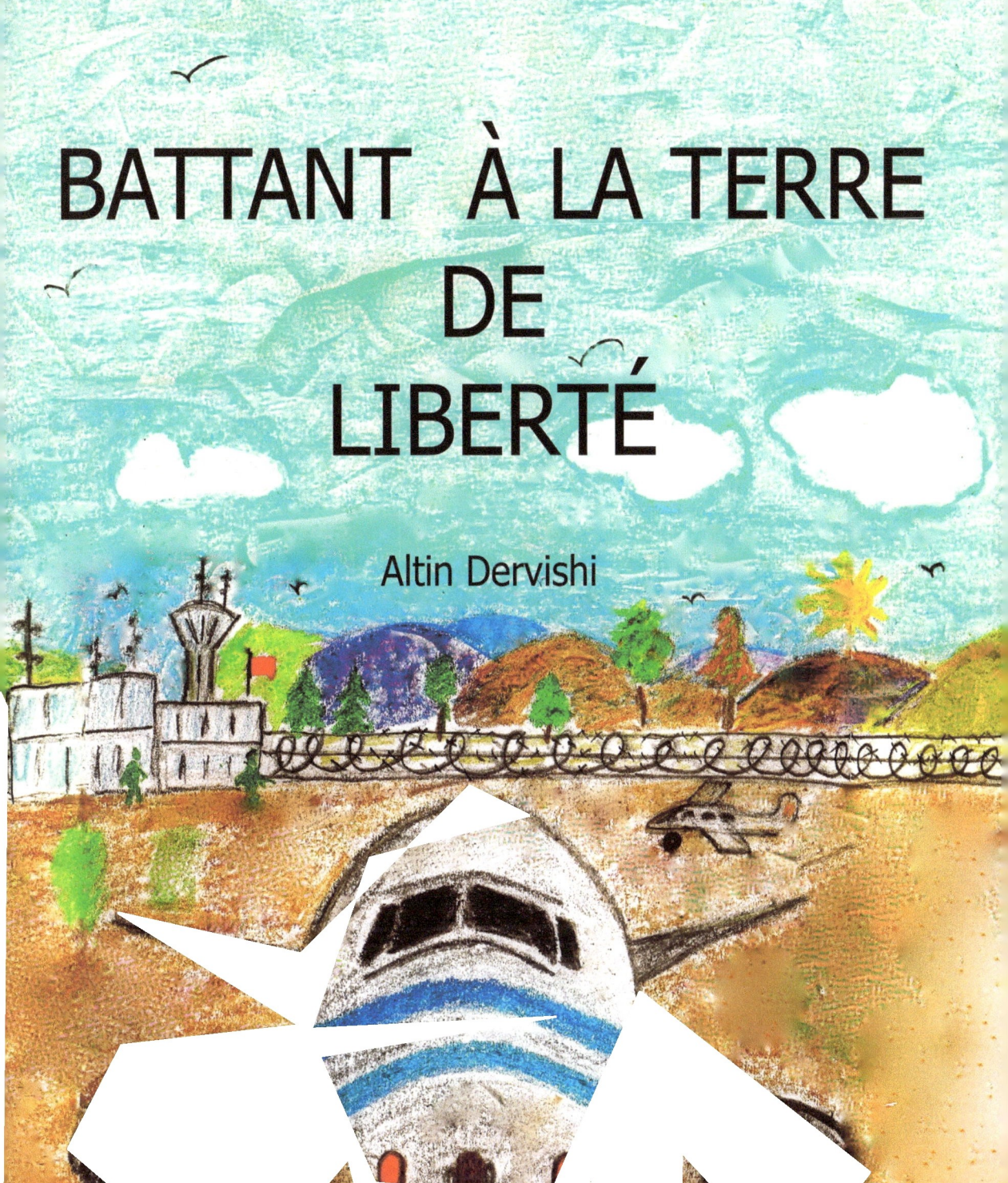

BATTANT À LA TERRE DE LIBERTÉ

Altin Dervishi

Quince & Green

Copyright © 2014 Altin Dervishi

Tous droits réservés.

ISBN13: 978-0987908094

ISBN10: 098790809X

C'est l'histoire de ma famille, ma grand-mère qui a quatre-vingt-dix ans et moi, avons échappé à la misère politique injuste de notre pays et sommes venus vivre au Canada.

Je suis né en Albanie, un petit pays d'Europe du Sud-est situé entre la mer Adriatique et la mer Ionienne. Avec un littoral coloré et rocheux et de hautes montagnes enneigées, l'Albanie était naturellement un bel endroit, en revanche isolé du reste du monde.

Seules quelques personnes élites ont été autorisées à entrer et sortir du pays et personnes d'autre.

Les frontières étaient pleines de jeunes soldats, qui tirerait quiconque tenterait de les traverser. La pauvreté et la famine ont frappé le partout dans le pays.

La vie était dure pour tous, mais personne n'a osé se plaindre de peur de l'emprisonnement et de la famine.

Telle était la situation de mes grands-parents. Ils ont eu à soigner et d'élever, neuf jeunes enfants: six garçons et trois filles. Il y avait toujours des moments difficiles.

Pour empirer la situation, la plupart des biens qu'ils avaient eu pendant des générations a été prise par force par le gouvernement communiste. Toutes les terres confisquées sont devenues une possession publique.

Certains membres de la famille étaient contre cette situation injuste. Ils ont réclamé le retour de leurs terres et, par conséquent, se sont retrouvés en prison. Quelques autres ont été exécutés pour s'être opposés au système.

Cela a provoqué au reste de la famille et aux proches à être désormais dédaignés et mal traités. Jour après jour, partout dans le pays, les choses étaient en train d'empirer. En ce moment insupportable, trois frères adolescents ont décidé de fuir l'Albanie et ses façons communistes. C'était une décision de vie ou de mort

Partout, les gens perdaient leur vie, en essayant de franchir les frontières de barbelés. Ceux qui ont été capturés vivants ont été envoyés à la prison à vie.

Le frère aîné avait soigneusement planifié l'évasion avec un de ses cousins, un berger qui savait bien les collines.

Ils ont décidé que tard dans la nuit, ils traversent la frontière grecque, à travers une forêt voisine. Si les jeunes adolescents ont pu se rendre vivant de l'autre côté, ils continueraient à travers les collines et les montagnes pour une journée et demie, jusqu'à ce qu'ils pourraient trouver de l'aide.

   Cependant, ce n'était pas le bon moment pour partir. L'hiver a été rude et la neige était tout autour de la montagne.

   Leur plan a été gardé secret et ils ont attendu pour la fin de l'hiver. Après quelques semaines, le printemps est enfin arrivé et les gars étaient prêts.

   Le moment de départ est venu. Dire au revoir à leurs parents et la famille a été l'un des moments les plus difficiles qu'ils aient jamais connu.

Avec beaucoup de câlins et de bises, un par un, les adolescents ont eu la bénédiction de leurs parents. Ils se sont embrassés pendant un long moment et autant de larmes ont été versées.

Ma grand-mère n'oserait pas se laisser aller de ses garçons. Elle a profondément respiré et a voulu les sentir plus proche de son cœur une fois de plus. C'était un au revoir trop dur.

"Si vous n'êtes pas capable à aider quelqu'un en besoin, ne lui faites pas du mal", le père leur a avisé. "Et ne regardez pas derrière vous, faites tout le chemin pour le Canada», a t-il poursuivi.

"Nous allons chercher une vie meilleure, et espérons de se réunir bientôt," ont murmuré les garçons dans une voix émue. Au fond d'eux, ils avaient des sentiments mitigés d'engourdissement, de perplexité, de la confusion et de la peur. Ils étaient prêts à exploser de la tristesse. " Vous nous manquerez toujours," dit la mère en sanglotant et tremblant dans la nuit brumeuse. "Au revoir ... "

C'était mars 1951. Une nuit humide et sans lune, vers une vie inconnue. Tout en marchant lentement dans la forêt, ils ont ressenti un vide.

Vont-ils sortir vivant? Vont-ils revoir leur famille? Leurs silhouettes de gamin a discrètement disparu dans l'obscurité profonde.

Les jours passaient...la famille, et surtout ma grand-mère, attendaient patiemment des nouvelles.

Ont-ils traversé la frontière? Etaient-ils en sécurité? Quelqu'un les a t-il aidé? Après quelques jours, les nouvelles sont arrivées.

La police et le service sécrèt sont soudainement arrivés dans leur maison un soir. Ils étaient tous en colère. "Vous sales traîtres!" ont-ils crié.

Ils ont commencé à casser les meubles, briser les assiettes et à tout renverser. Puis, ils ont commencé à interroger et à torturer séparément chaque ,membre, en particulier mon grand-père.

Bien que les interrogateurs étaient trop durs, même avec les plus jeunes frères et sœurs, personne dans la famille ne leur a rien dit.

Enfin ils ont renoncé. Alors que leur groupe était sur le point de partir, l'un d'eux a crié en colère : "Vos garçons sont des traîtres. Ils ont trahi notre pays et franchi illégalement en Grèce. Vous êtes tous des traîtres et toute votre famille va payer cela!"

Le cœur de la Grand-mère s'est rempli de joie. Ses garçons étaient en sécurité ! Ils avaient échappé à la misère et étaient libres à décider leur destin.

   Dorénavant leur vie a pris un tournant vers le pire. Une fois ils étaient considérés comme des "traîtres de la patrie ", toute la famille a été étiquetée comme "ennemie dangereuse du pays." et donc la vengeance a commencé.

   Mon oncle (un jeune adolescent à cette époque), a été injustement accusé d'avoir essayé mettre le feu à une institution gouvernementale.

   Son ancien ami a été exécuté par pendaison, et mon oncle a été donné vingt ans de prison pour un crime qu'il n'a pas commis.

    Leur maison, et tout ce qui rester de leurs biens, ont été prises. Mes grands-parents ont été arrêtés, torturés et maintenus en prison pendant un certain temps. Plus tard, ils ont été envoyés avec rien du tout, à un camp de travail lointain. Cet endroit était dans une vallée profonde, entièrement entourée de fils barbelés et de gardien.

    Dans le camp isolé, toutes les familles vivaient encombrées dans des baraques en bois infestées des rats et des moustiques il n'y avait pas de chaleur, d'eau ou d'hygiène de base. Les étés chauds étaient les plus insupportables. Le camp d'internement CERMA était situé dans la région du centre d'Albanie.

Quelques-uns de leurs autres jeunes enfants étaient laissés sans abri à errer dans les rues.

Mon père (qui avait dix ans à l'époque) a été aidé par certains proches aimables. Ils l'ont lui introduit à une famille d'agriculteurs.

Là, il a travaillé pendant quelques années comme un berger dans les montagnes lointaines. Ce village était à quelques heures de sa ville natale.

Deux des autres enfants, une fillette de six ans, et un mineur âgé de huit ans, ont reçu un certain d'un cousin éloigné.

Peur d'être attrapés par la police, ces proches autorisaient uniquement les enfants de dormir dans la grange pendant la nuit. Le foin et les anciennes couvertures aider à les garder dans le chaud durant cet hiver glacial.

Avant l'aube, les frère et sœurs ont été invites à marcher vers la ville, où ils erraient pendant la journée. La plupart des gens étaient effrayés de prendre soin d'eux.

Avec l'aide de quelques familles ayant le cœur sur la main ils ont réussi à survivre au froid rigoureux. Après plus d'un an de lutte, ils se réunissent avec leurs parents dans le camp de travail.

   Enfin, ils étaient tous heureux d'avoir été réunis comme une famille, mais leur bonheur n'a pas duré longtemps.

   Quelques mois plus tard, la plus jeune soeur, (âgée de sept ans), est devenu gravement malade et mourut d'une maladie inconnue.

   La vie n'a pas pu être plus insupportable à mes grands-parents, qui étaient tristes à regarder leur famille grandir dans ces conditions.

   Ils n'avaient rien fait pour mériter cela, mais c'était leur sort et ils ont dû l'accepter.

    Au fil des ans, ceci est devenu leur mode de vie. Mon père, le garçon qui était un berger, a heureusement aussi trouvé son papa et sa maman après quelques années.

    L'autre frère a été libéré de prison pour bonne conduite après avoir fait un peu plus de la moitié de son mandat. Les deux filles, se sont mariées et ont commencé à avoir leurs familles.

    Dans le camp de travail, mes parents et quelques autres membres de la famille, ont durement travaillé dans les champs toute la journée. C'était épuisant, mais ils ont gardé la morale.

    Dans certaines soirées spéciales, ils ont célébré avec des chansons et danses traditionnelles.

    Il y avaient des anniversaires, engagements, et mariages, auxquels ma famille y est allée parfois après le travail. La danse et les chansons y continuaient jusqu'à minuit.

    C'était très drôle et divertissant pour toutes la famille à l'intérieur du camp de travail, et même pour les gardes et la police secrète. Certains de ces hommes avaient un bon coeur, mais ils ont dû faire un travail rigoureux. Leur devoir était de nous surveiller, vingt-quatre heures sur vingt-quatre et sept jours sur sept.

    Toutes les familles isolées dans le camp d'internement, leur fallait d'obtenir une autorisation s'elles devaient partir pour des situations particulières ou d'urgence.

    C'était dans un de ces camps que je suis né et où mon enfance a eu lieu. Avec mon frère aîné et ma sœur, et mes cousins du même âge, nous avons grandi avec les sentiments de peur et de prudence dans notre petite école et sa petite cour.

    Aller à l'école était amusant. Nous étions de bons élèves, mais notre destin avait été scellé par le système. Nous étions obligés à devenir des ouvriers dans les champs à l'extérieur du camp.

   Papa et maman ont pris soin de ne pas se plaindre de la vie difficile lorsque nous étions autour.

   Ils étaient toujours inquiets qu'on va répéter leur plaintes devant nos amis ou nos enseignants dans la classe et la cour. Mais nous étions tous aussi prudent, comme nos parents. Pour cette raison nos grands-parents nous ont toujours expliquer leurs préoccupations et ont répondu à nos questions difficiles avec facilité et tact. Cette prudence était une nécessité pour survivre.

   Il y avaient des soirées, près de la cheminée, où le grand-père aimait raconter à tous ses petits-enfants des histoires de son temps au Canada.

Cela remonte à l'époque où il était un jeune homme. Après la Première Guerre mondiale, quand il a décidé de chercher du travail à l'étranger.

Un jour, mon grand-père est monté à bord d'un navire venant d'Angleterre, et a voyagé pendant de nombreuses semaines à Halifax, au Canada. C'était en mai 1916.

Une fois il est arrivé au port de Halifax, le jeune homme a poursuivi son voyage à travers le pays pour Toronto, où ses cousins de sa ville natale étaient en attente pour lui.

Après son arrivée, ils l'ont aidé à trouver un travail comme un boucher pour une société d'emballage de la viande bien connue, appelée "Canada Packers."

    Quand il avait un moment libre, mon grand-père avait l'habitude de s'asseoir et se détendre sur les bancs dans le parc, dans son quartier calme. Il a admiré le changement des saisons, les belles couleurs du printemps, et les feuilles brillantes d'érable à l'automne.

    Il était aussi heureux de regarder les visages souriants et heureux des habitants du Toronto qui se promenaient tranquillement dans les parcs. "Les Canadiens sont gentils, aimables et respectueux," disait-il. Grand-père aimait vraiment son nouveau pays d'adoption.

    Après quelques années de succès et de travail dur il a 'économisé de l'argent, mais habité seul a commencé d'être trop. Le travailleur acharné a commencé à sentir le mal du pays.

Autour du milieu des années 20, mon grand-père a décidé de revenir à ses racines albanaises.

Après quelques mois de son retour en Albanie, il s'est marié avec une belle jeune fille (ma grand-mère), qui venait d'une famille riche de sa ville.

Ensemble, ils ont acheté une bonne propriété et construit une belle maison. Les années ont passé et ils ont vécu une vie simple et simple.

Au cours des années suivantes, ils ont eu onze enfants, dont trois sont morts à la naissance, en raison de l'absence de soins de santé disponibles.

    La vie était bonne en générale, avec quelques hauts et bas ici et là, et puis les choses ont complètement changé. La Deuxième Guerre mondiale a éclaté.

    De nombreuses armées étrangères sont venues et parties; ils ont brûlé, tué, confisqué, démoli et détruit tout ce qui restait de ce pauvre pays. Mon grand-père a réussi à survivre durant tous ces temps de troubles.

    Il a protégé sa grande famille de neuf enfants, et il n'a pas participé à la guerre. Durant les moments les plus difficiles, le grand-père se souvenait de belles rues de Toronto, pleine de gens très sympathiques et joyeux.

    Peut-être il aurait dû y rester. ... maintenant les années sont passées.

Après quelques années difficiles la guerre a terminé, mais la misère n'a pas pris fin en Albanie.

Des années ont passé, et l'espoir de mon grand-père au changement pour la liberté et les meilleures conditions de vie dans son pays avait disparu. Il a commencé à rêver de se réunir avec ses garçons, qui sont devenus des hommes maintenant.

Ils avaient immigré au Canada, et ils étaient tous mariés et ont eu des enfants.

Grand-père avait entendu dire qu'ils étaient très bien. Les trois frères avaient un restaurant à succès près de Toronto, dans une petite ville appelée Peterborough.

   De nombreuses années sont écoulées depuis ce matin froid de printemps, lorsque ses jeunes garçons avaient dit leurs derniers adieux. Ils ont vraiment manqué à leur grand père.

   "Le Canada est un grand pays libre. Peut-être qu'un jour nous serons tous réunis avec eux" il pensait toujours avec une nostalgie mélangée avec de l'espoir. Malheureusement, ce jour n'est jamais venu pour cet homme souffrant, qui a toujours travaillé durement.

   Il mourut dans la pauvreté et la misère, et à laisser ses rêves et regrets avec nous tous.

    Nos oncles d'outre-mer ont essayé d'aider financièrement papa quelques fois, mais la plupart de leur argent et leurs lettres ne lui sont jamais parvenues. La police avait un contrôle serré sur les courriers de l'étranger.

    Il y avait des moments où ma grand-mère m'a donné des câlins chaleureux pour garder mes espoirs.

    "Des meilleurs jours viendront, et vous allez tous vous retrouver avec vos cousins dans un très bon pays. L'avenir sera bon pour tout le monde," Je me rappelle de ses paroles.

    Certaines nuits d'été J'ai profondément regardé dans le ciel sombre et pleine d'étoiles brillantes. Il y avait un grand monde, et je voulais vraiment le voir.

    Mes vœux et espoirs avant de se coucher étaient que bientôt, les rêves de notre famille pour une vie libre et pleine de joie peu deviennent une réalité.

    Quelques années ont passé, et un jour, mon père est revenu à la maison avec un sourire brillant d'espoir. C'était un peu inhabituel.

Il avait rencontré quelqu'un qui avait promis de nous sortir du pays.

Il ne semble pas réel. "Cela ne pourrait pas être vrai," a dit ma mère. "Soyez prudent. Ne leur fais pas confiance."

Mais la patience a fini. Au fur et à mesure que les jours passaient, mon père a décidé de l'essayer avec prudence.

Nous étions tout excités et effrayés. C'était un espoir incroyable.

Ce plan était plein de risque. Nous avons dû le garder un secret. Notre famille a payé tout ce qu'on lui a demandé et a attendu.

Cela était toutes les économies des années de travail dur, et une partie de l'argent envoyée de nos oncles il y a des années.

Grâce à cet homme et ses amis, les passeports et les billets étaient prêts pour nous. Ce n'est pas vrai!

Tous les documents et les formalités administratifs étaient légaux, mais nous n'étions jamais en mesure de les obtenir, à cause du contrôle strict du dictateur.

    C'était la fin d'octobre 1989. Enfin, le jour était arrivé. Nous avions invité notre tante à séjourner dans notre maison pendant que nous étions partis.

   Il s'agissait d'une précaution pour faire croire aux espions que nous étions à la maison, et tout était normal.

   Mes parents avaient prévu de quitter le campe d'internement sans être détectés.

   Bien que l'endroit était sous surveillance tout le temps, certaines choses ont changé. Ces gardiens n'étaient pas si rigoureux que ceux qui étaient il y a nombreuses années.

Un ami de mon père était un gardien dans le camp. Cet homme auquel on avait confiance avait promis de prétendre qu'il ne nous a pas vus alors que nous sommes tous partis.

Dehors faisait minuit sombre et froide, et à l'intérieur nous préparions pour quitter secrètement.

Nos émotions étaient très vives. Maman a embrassé sa sœur, comme si elle n'allait jamais la revoir. Des larmes écoulaient sur nos froids visages.

Nous étions conduits pendant la nuit tout le chemin à la destination prévue.

    Après avoir arrivé à temps au petit aéroport national, nous nous sommes séparés en trois groupes de deux; mon père et moi, maman et ma sœur, ma grand-mère et mon frère.

    Tranquillement, nous nous sommes mélangés dans la foule avec quelques habitants et étrangers, et avons suivi les procédures. Des soldats en uniforme vert étaient partout autour de l'aéroport.

    Quand nous étions sur le point de monter dans l'avion, quelqu'un a eu de soupçons à propos de nous. Nos coeurs battaient avec crainte.

"Oh non ! Ils regardent," chuchota mon frère. "Ne regarde pas derrière toi. Continue juste à marcher," a répondu mon père. Nous étions nerveux.

Après avoir monté dans l'avion lentement, nous nous sommes mis en ligne, avons pris nos places comme indiqué, et attendu avec impatience. Il y avait des conversations à voix haute à l'extérieur. La situation était tendue.

Notre grand-mère qui avait quatre-vingt-dix ans avait attiré certains soupçons et attentions. Il n'était pas habituel pour quelqu'un de cet âge à voyager à l'étranger à partir de cet aéroport. Après une longue période de temps, leurs préoccupations ont été ignorées.

    Il y avait des cries fortes, mais c'étaient les commandes de commencer les procédures de décollage. L'avion a commencé à accélérer au long de la petite piste. Nous regardions en arrière de peur, pour voir si quelqu'un avait l'intention d'interrompre le décollage.

    Les bâtiments et le vert des soldats étaient loin maintenant. Nous nous sommes regardés pour nous rassurer.

    Nos visages étaient pâles, nous n'arrivions pas à parler, nos corps étaient engourdis. Est ce que c'était tout? Étions-nous sortis de l'isolement? Ils nous ont peut-être laissés partir ... peut-être ca c'était tout... c'était vraiment incroyable. Tout au long de vol; nos craintes étaient d'être envoyé en prison, ou pire encore...

　　Toutefois, nous n'avons pas osé exprimer le bonheur ou une quelconque émotion. Nous étions encore sur un avion communiste. "Tout peut arriver jusqu'au temps d'atterrissage," chuchota ma mère. Elle était très mal à l'aise pour tout le vol.

　Nous avons volé dans le ciel sombre du matin . Nos craintes ont été lentement en train de fondre, des qu'on a remarqué les montagnes qui étaient en train de disparaître.

　　Un nouveau jour se préparait, et la chaleur du beau soleil a commencé à réchauffer nos âmes glacés. Cela n'a pas duré longtemps, car ce sentiment était remplacé par une autre période d'inquiétude.

"Où allons-nous maintenant? Comment allons-nous joindre nos oncles au Canada?" Après plus d'une heure de vol, le petit avion a atterri à Budapest, en Hongrie. Nous étions timides et intimidés par le choc culturel. C'était notre premier contact avec le monde extérieur qui a d'abord commencé avec quelques heures d'interrogation dans les bureaux de l'aéroport. Après quelques moments durs, enfin on nous a permis de sortir.

Budapest était une ville animée et belle, divisée par le fleuve de Danube. Parlant seulement l'albanais dans un pays étranger personne n'a été en mesure de nous comprendre. Il nous a fallu un certain temps pour trouver comment se rendre à la ville de l'aéroport, et enfin trouver un lieu pour y rester.

Ce n'était pas facile pour notre grand-mère de quatre-vingt-dix ans, mais elle était plus optimiste que nous. Enfin, elle était plus prête que jamais à voir ses garçons perdus depuis presque quarante ans.

Mon père a appelé ses frères et attendu ému pour entendre leur voix après une longue période. Après quelques sonneries il a entendu quelqu'un qui a répondu. "Hello!... " Papa a gardé le silence un moment. Depuis quand il n'avait pas entendu cette voix familière ... Les oncles étaient sous le choc que nous avions pu échapper, et ravis que même leur mère était avec nous. Mais soudainement la grand-mère était incapable de parler avec eux.

Elle a écouté en silence leur voix, et elle a commencé à pleurer. Tout le monde a commencé à pleurer. Ils étaient en route pour nous rencontrer.

Une fois que nous avons trouvé un abri temporaire, nous nous sommes écroulés dans nos lits. Nous étions très fatigués comme nous n'avions pas dormi pendant quelques jours.

Deux de nos oncles sont arrivés immédiatement et nous ont trouvés très tôt le lendemain. Le troisième oncle était incapable de voler en raison de problèmes de santé.

La réunion était en fait un moment d'émotion incroyable, surtout pour une mère qui n'avait pas vu ou entendu les voix de ses fils depuis trente-huit ans. Comme vous pouvez l'imaginer, il y a eu beaucoup de câlins, bisous, et larmes.

    Grand-mère était en train de les regarder tranquillement, avec beaucoup d'amour.

    Après avoir réservé un hôtel très agréable près de le Danube, les deux oncles nous ont pris pour des promenades autour de la ville.

    Tout en dînant dans certains restaurants raffinés, et en écoutant les oncles en train de rigoler , blaguer et chanter, nous avons finalement à nous détendre.

    Nos visages ont commencé à briller, comme le soleil après la tempête, et nos regards perdus et perplexes ont été remplacés par des sourires confiants.

Dans un délai de quelques jours pour obtenir les visas canadiens et les documents nécessaires, nous étions prêts. Nous avions attendu et espéré arriver ce moment depuis de nombreuses années.

Sans perte de temps, nous sommes montés dans un avion encore une fois. Cette fois-ci, était un grand avion confortable. Il y avait encore un long vol pour le pays que j'avais tellement entendu parler.

Pendant le voyage, je me rappelais de morceaux d'histoires de mes grands-parents et de leurs espoirs. Il s'agissait de la terre que nous avions tous souhaité de voir.

    Enfin, l'avion a atterri en toute sécurité. La vue de Toronto de ci-dessus était incroyable.

    Le soleil couchant donnait de délicates lueurs sur les beaux immeubles grands. Il y avait de la musique et des décorations partout autour de l'aéroport. C'était un monde différent de celui d'où nous sommes venus.

    Bien qu'il fasse un soir froid de novembre, nos cœurs étaient chauds et enthousiastes. Nous sommes libres! Nous sommes en sécurité ! Nous nous sommes réunis avec notre famille dans un grand pays.

   Soudainement parmi la foule vint une autre surprise émotionnelle. Il était plus jeune soeur de la grand-mère qui avait été marié au Canada à partir de l'année 1932. Le silence régnait. Ils étaient en train de fondre dans les bras les uns des autres après près de soixante-dix ans. Si longtemps pour voir une sœur …

   Nous tous embrassé avec des larmes dans les yeux. Regardant la joyeuse, heureux, et excité foule était très touchant ainsi que passionnante. Nous ne nous sommes pas sentis fatigués de plus.

   Ici ont été nos familles et proches que nous avons été voir pour la première fois, mais qui nous avait tant entendu parler. L'émotion des retrouvailles était difficile à expliquer.

   Grand-mère a vécu quelques années au Canada, et a apprécié ses moments perdus avec ses garçons.

   Ils étaient plus âgés et des hommes bien respectés maintenant, à la retraite dans un grand pays, avec leurs propres enfants adultes et petits-enfants.

   Aujourd'hui, elle se repose en paix, à l'abri de la peur et l'inquiétude, entourée par le paysage verdoyant des érables, dans un cimetière au magnifique parc de la ville.

   Cet endroit est tout simplement comme son mari avait toujours pensé du Canada.

   Un an après que notre départ, les vents du changement englobent l'ensemble de l'Europe de l'Est, y compris le pays isolé de l'Albanie.

   Les gens sont descendus dans les rues par milliers. Ils ont réclamé la liberté et la démocratie. Avec la chute du "mur de Berlin" une nouvelle ère a commencé. Le système communiste totalitaire d'Albanie s'était effondré.

   Plus de vingt ans sont passé depuis, et beaucoup de choses ont changé. L'Albanie est un pays libre et ouvert aujourd'hui, les gens vivent une vie meilleure; et pour nous tous, nos grands-parents seraient fiers.

Aujourd'hui leurs petites-filles et petits-fils ont vécu dans le pays de leur rêve.

Nous sommes de bons citoyens, bons parents, travailleurs dans des professions nombreuses : des enseignants, des infirmières, des cuisiniers, des comptables, des agents immobiliers, des dentistes partout au Canada.

Il y a des jours nous rappelons notre enfance comme un souvenir sombre, mais nous nous souvenons de toutes les histoires préférées de nos grands-parents. Ce sont de véritables histoires d'espoir que nous nous souviens, et continuons à les raconter à nos enfants et petits-enfants à l'avenir.

Battant au Canada à partir de l'aéroport de Budapest.
De gauche à droite, grand-mère et deux de ses fils. Hongrie, Novembre 1990.

Grand-mère Nebije Kulla réunion sa jeune soeur Rakibe Sali, après près de soixante-dix ans. Canada 1990.

Quelques-uns des générations futures des enfants, petits-enfants et les les arrière-petits-enfants des (grands-parents) Mehmet et Nebije Kulla. Canada, Août 2011.

(Basé sur une histoire vraie de survie et de défi, d'une famille albanaise)

à : Zydi & Resmije Kulla, ses parents, tous ses frères et sœurs et leurs familles.

A mon épouse, Elsa et mon fils Erik.

A mes parents Duro et Zinet Dervishi, qui m'encouragent à continuer à écrire.

-A.D.

Grand remerciment à: Bruce et Frances Gravel, Sue Reed, Dennis Kulla, Julie Malakos, Sarah Tompa, Linda Contois et pour leur aide pour que ce livre voit le jour.

Un grand merci également à Kosta Malakos et Mohamed Chahin pour la grande aide avec la traduction en français.

Ce livre est basé sur une histoire vraie. Tous les évènements ne se sont pas exactement déroulés comme écrits, certains endroits, noms et événements étaient ajustés en fonction du groupe d'âge des lecteurs.

Tous droits réservés. Aucune partie de ce manuel ne peut être utilisée ou reproduite, numérisée, ou distribuée de quelque manière que ce soit, sans l'autorisation écrite de l'auteur.

Pour toute information complémentaire, contacter: altin727@gmail.com

Quince & Green

Droit d'auteur © 2014 Altin Dervishi
Tous droits réservés

Bibliothèque et Archives Canada de Catalogage avant Publication

Dervishi,Altin,1973-

Battant Á La Terre De Liberté/Altin Dervishi

ISBN 978-0-9879080-9-4
ISBN 10: 0-9879080-9-x

À propos de l'auteur

Altin Dervishi était n é et a grandi dans la ville touristique de Pogradec, Albanie, pendant le régime communiste. Au cours des douze dernières années, Altin a vécu en Ontario au Canada avec son épouse et son fils. "Battant à la terre de liberté" est basé sur l'histoire de la vie de son épouse Elsa et toute sa famille. Ceci est son premier livre.